L'Intelligenza Artificiale nel Business: Trend, Sfide e Strategie per il Futuro

Tutti i diritti sono riservati.

Nessuna parte di questo libro può essere riprodotta, distribuita o trasmessa in qualsiasi forma o con qualsiasi mezzo, inclusi fotocopie, registrazioni o altri metodi elettronici o meccanici, senza
il permesso scritto del titolare del copyright, eccetto per brevi citazioni nei casi consentiti dalla legge.

Descrizione del libro

L'intelligenza artificiale (A.I.) sta rapidamente trasformando il panorama aziendale, offrendo nuove opportunità per ottimizzare i processi, aumentare l'efficienza e generare nuovi flussi di reddito. Implementare l'A.I. nel business non è però un compito facile: è necessario affrontare sfide legate alla resistenza al cambiamento, ai costi iniziali e alla gestione dell'etica e delle normative. Per sfruttare al meglio queste tecnologie, è fondamentale scegliere gli strumenti giusti, collaborare con fornitori competenti e formare il personale adeguatamente.

Uno dei primi passi è definire gli obiettivi aziendali che l'A.I. dovrà raggiungere, scegliendo soluzioni adatte alle necessità specifiche del settore e della propria impresa. Collaborare con esperti e fornitori di soluzioni A.I. è cruciale, così come garantire che il team sia adeguatamente formato per utilizzare le nuove tecnologie in modo efficace.

La resistenza al cambiamento, comune nelle fasi iniziali di adozione, può essere superata attraverso una comunicazione chiara e una formazione continua che evidenzi come l'A.I. possa supportare e migliorare le mansioni quotidiane, piuttosto che sostituirle.

Non meno importante è la gestione dei costi iniziali, che può sembrare una barriera significativa, soprattutto per le piccole e medie imprese. Adottare un approccio graduale, partendo da progetti pilota, e monitorando costantemente il ritorno sull'investimento (ROI), aiuta a gestire efficacemente le risorse finanziarie.
Inoltre, le implicazioni etiche e regolatorie legate all'uso dell'A.I., come la protezione dei dati e la trasparenza dei processi decisionali, sono aspetti che non vanno sottovalutati. Le aziende devono garantire la conformità alle normative, come il GDPR, e attuare politiche etiche per l'uso responsabile dell'A.I.

Guardando al futuro, i trend emergenti, come l'integrazione di A.I. con blockchain, realtà aumentata e robotica, stanno creando nuove opportunità per il business. La combinazione di queste tecnologie permetterà di sviluppare soluzioni più sicure, immersive e efficienti, che daranno alle aziende un vantaggio competitivo notevole. Prepararsi al futuro significa adottare un approccio agile e innovativo, costruire partnership strategiche con esperti del settore e favorire una cultura aziendale che incoraggi l'adozione di nuove tecnologie.

Con una strategia ben pianificata e una preparazione continua, l'adozione dell'A.I. non solo migliorerà l'efficienza operativa, ma contribuirà anche alla crescita e all'evoluzione del business in un mondo sempre più digitalizzato e tecnologico.

Introduzione

L'intelligenza artificiale (A.I.) non è più un concetto relegato alla fantascienza. Oggi, è una tecnologia concreta che sta rivoluzionando il modo in cui le aziende operano e creano valore. Ma cosa è realmente l'A.I., e perché è così cruciale per il business moderno?

Cosa è l'A.I.?

L'A.I. è una disciplina dell'informatica che mira a creare macchine capaci di simulare alcune funzioni cognitive umane, come l'apprendimento, il ragionamento e la risoluzione dei problemi. Grazie a tecniche come il machine learning e il deep learning, le macchine possono analizzare grandi quantità di dati, riconoscere schemi complessi e prendere decisioni con una precisione e una velocità che superano le capacità umane.

Per le aziende, l'A.I. rappresenta uno strumento strategico per ottenere un vantaggio competitivo. Può essere utilizzata per automatizzare processi, migliorare la customer experience, ottimizzare le operazioni e persino prevedere tendenze di mercato. In altre parole, l'A.I. non solo rende le attività più efficienti, ma apre anche nuove opportunità di innovazione e crescita.

Perché è fondamentale per il business moderno

Nell'era digitale, i dati sono il nuovo petrolio. Tuttavia, senza strumenti avanzati per analizzarli e utilizzarli, i dati rimangono una risorsa inutilizzata. Qui entra in gioco l'A.I., che consente alle aziende di trasformare enormi volumi di informazioni in intuizioni pratiche e azionabili.
L'importanza dell'A.I. non si limita solo alla gestione dei dati. La tecnologia è anche il motore dietro molte innovazioni dirompenti.

Ad esempio, ha permesso la nascita di assistenti virtuali, veicoli autonomi, sistemi di raccomandazione personalizzati e molto altro. Le aziende che abbracciano l'A.I. possono sfruttare queste innovazioni per differenziarsi dalla concorrenza e adattarsi rapidamente ai cambiamenti del mercato.

Storie di successo

Numerose aziende hanno già dimostrato il potenziale dell'A.I. nel trasformare le loro operazioni e migliorare i risultati di business. Ecco alcuni esempi:

Amazon: Il colosso dell'e-commerce utilizza l'A.I. per ottimizzare la logistica, personalizzare le raccomandazioni dei prodotti e migliorare l'efficienza dei magazzini con robot intelligenti.
Netflix: Grazie all'A.I., Netflix è in grado di analizzare le preferenze degli utenti e offrire suggerimenti

personalizzati, aumentando il tempo di visione e la fidelizzazione dei clienti.

Tesla: L'A.I. è il cuore della tecnologia di guida autonoma di Tesla, che combina dati raccolti dai veicoli per migliorare continuamente le sue prestazioni.

Salesforce: La piattaforma CRM utilizza l'A.I. per analizzare i dati dei clienti, prevedere le vendite future e automatizzare le attività di marketing, rendendo più efficace la gestione dei contatti.

Questi esempi evidenziano come l'A.I. possa essere applicata con successo in settori diversi, dall'e-commerce all'intrattenimento, dall'automotive al marketing. Il futuro del business non è solo digitale, ma anche profondamente integrato con l'intelligenza artificiale.

Le Basi dell'A.I. per il Business

Concetti chiave

Per comprendere come l'A.I. possa rivoluzionare il business, è essenziale padroneggiare alcuni concetti fondamentali:

Machine Learning (ML): Una sottodisciplina dell'A.I. che si concentra sullo sviluppo di algoritmi capaci di apprendere e migliorarsi automaticamente attraverso i dati. Il ML è alla base di applicazioni come il riconoscimento vocale, la previsione delle vendite e la personalizzazione dei contenuti

Big Data: L'enorme volume di dati strutturati e non strutturati generati quotidianamente. L'A.I. utilizza questi dati per identificare schemi, ottenere previsioni e prendere decisioni informate.

Automazione: L'uso dell'A.I. per eseguire compiti ripetitivi in modo autonomo, riducendo errori e costi operativi.

Questo include chatbot, sistemi di gestione della supply chain e analisi finanziaria.

Differenze tra A.I. generativa e A.I. analitica

L'A.I. si divide in diverse categorie, ma due delle più rilevanti per il business sono:

A.I. Generativa: Questa tecnologia crea nuovi contenuti basati sui dati esistenti. Ad esempio, può generare immagini, testi o persino musica. È particolarmente utile per il marketing, la creazione di contenuti e lo sviluppo di prodotti innovativi.

A.I. Analitica: Si concentra sull'analisi e interpretazione dei dati per estrarre informazioni utili. Questa categoria è cruciale per il reporting aziendale, la previsione delle vendite e l'ottimizzazione delle strategie.

Capire e sfruttare questi concetti chiave è il primo passo per integrare con successo l'A.I. nelle operazioni aziendali e ottenere un vantaggio competitivo.

Applicazioni Pratiche dell'A.I.

Esplorazione delle aree chiave dove l'A.I. può essere implementata:

Automazione dei processi ripetitivi: Riduzione dei costi e aumento dell'efficienza.

Personalizzazione dell'esperienza cliente: Creazione di esperienze su misura per i consumatori.

Previsioni di mercato e analisi dei dati: Supporto per decisioni aziendali strategiche.

Ottimizzazione della supply chain: Miglioramento della logistica e gestione delle risorse.

Strategie per Aumentare i Guadagni
Approfondimento delle modalità con cui l'A.I. può aumentare i profitti:

Incrementare le vendite con il marketing predittivo: Offerte personalizzate e campagne mirate.

Monetizzare i dati aziendali: Trasformare i dati in un asset profittevole.

Implementazione di A.I. nel Tuo Business

Guida passo-passo su come introdurre soluzioni A.I., dalla pianificazione alla realizzazione.

Collaborare con Fornitori di Soluzioni A.I.

Suggerimenti per scegliere partner tecnologici affidabili e gestire collaborazioni.

Sfide e Soluzioni

Discussione degli ostacoli comuni, come problemi etici, costi iniziali, e resistenza al cambiamento, con proposte pratiche per superarli.

Il Futuro del Business con l'A.I.

Previsioni sulle tendenze emergenti e come le aziende possono prepararsi per un futuro guidato dall'innovazione.

Automazione dei processi ripetitivi

Una delle applicazioni più diffuse dell'A.I. è l'automazione di attività ripetitive, come l'elaborazione di documenti, la gestione delle risorse umane e la contabilità. Ad esempio, strumenti come i chatbot possono rispondere automaticamente alle domande dei clienti, mentre i sistemi di automazione robotica dei processi (RPA) possono gestire flussi di lavoro amministrativi complessi con una precisione quasi perfetta. Questa automazione consente di risparmiare tempo e ridurre i costi operativi.

Personalizzazione dell'esperienza cliente

L'A.I. è alla base di molte piattaforme che offrono esperienze altamente personalizzate. Ad esempio, gli algoritmi di raccomandazione utilizzati da aziende come Netflix e Amazon analizzano il comportamento degli utenti per suggerire prodotti o contenuti rilevanti.

Questa personalizzazione non solo aumenta le vendite, ma migliora anche la soddisfazione e la fidelizzazione dei clienti.

Previsioni di mercato e analisi dei dati

Grazie alla capacità di analizzare grandi quantità di dati in tempo reale, l'A.I. può fornire previsioni accurate sulle tendenze di mercato, i comportamenti dei consumatori e le performance aziendali. Le aziende possono utilizzare queste intuizioni per prendere decisioni strategiche più informate, identificare nuove opportunità di crescita e ridurre i rischi.

Ottimizzazione della supply chain

L'A.I. è un potente alleato nella gestione della supply chain. Può prevedere la domanda, ottimizzare i percorsi di consegna e ridurre gli sprechi. Ad esempio, aziende come DHL e UPS utilizzano l'A.I. per migliorare l'efficienza logistica, monitorando le condizioni del traffico e identificando i percorsi più rapidi e convenienti. Questa ottimizzazione si traduce in costi ridotti e clienti più soddisfatti.

Queste applicazioni pratiche dimostrano come l'A.I. possa trasformare le operazioni aziendali, aumentando l'efficienza e generando valore tangibile per le imprese.

Strategie per Aumentare i Guadagni

Il potenziale dell'A.I. nel business è immenso. Con le giuste strategie, è possibile trasformare l'intelligenza artificiale in uno strumento chiave per incrementare i guadagni. Ecco tre approcci fondamentali:

1. Creare Prodotti e Servizi Basati su A.I.

L'A.I. offre la possibilità di sviluppare soluzioni innovative che risolvono problemi specifici per i consumatori o migliorano i processi aziendali.

Applicazioni pratiche:

App con assistenti virtuali personalizzati.

Sistemi di automazione per il customer service.

Soluzioni di analisi dei dati per settori specifici, come finanza o sanità.

Modelli di business:

Abbonamenti SaaS: Offrire software A.I. in modalità "as-a-service".

Licenze: Vendere tecnologie A.I. ad altre aziende.

Marketplace di modelli pre-addestrati: Creare e distribuire algoritmi specifici per usi aziendali.

2. Incrementare le Vendite con il Marketing Predittivo

Il marketing predittivo utilizza l'intelligenza artificiale per anticipare i comportamenti dei clienti e ottimizzare le strategie di vendita.

Benefici principali:

Personalizzazione estrema: Offrire raccomandazioni di prodotti basate sui gusti individuali.

Ottimizzazione del timing: Predire il momento ideale per inviare offerte promozionali.

Riduzione dei costi pubblicitari: Identificare i canali più efficaci per ogni target demografico.

Strumenti utili:

Piattaforme di analisi come Google AI o Adobe Sensei.

CRM con integrazione A.I., come Salesforce Einstein.

3. Monetizzare i Dati Aziendali

I dati sono il nuovo petrolio, e l'A.I. è l'estrattore perfetto. Le aziende possono sfruttare i propri dati in diversi modi:

Vendita di dati aggregati: Condividere insights con aziende partner o su piattaforme di scambio dati.
Creazione di dashboard analitiche: Offrire strumenti per aiutare altre aziende a trarre valore dai dati.
Integrazione dei dati nei processi decisionali: Utilizzare strumenti A.I. per ottimizzare scorte, gestione dei prezzi o logistica.

Esempi di successo:

Amazon: Utilizza i dati per la gestione dinamica dei prezzi e le raccomandazioni.

Netflix: Sfrutta i dati di visualizzazione per creare contenuti personalizzati.

Implementazione di A.I. nel Tuo Business

L'implementazione dell'intelligenza artificiale nel business richiede una strategia ben pianificata. In questa sezione, esploreremo come scegliere gli strumenti giusti, collaborare con fornitori affidabili e preparare il personale per un'adozione efficace dell'A.I.

Come Scegliere gli Strumenti Giusti

La scelta degli strumenti di A.I. è fondamentale per ottenere il massimo beneficio. Ecco alcune linee guida per orientarti:

Definisci i tuoi obiettivi

Identifica i problemi aziendali che vuoi risolvere o le opportunità che desideri sfruttare con l'A.I.

Esempi: migliorare il servizio clienti, ottimizzare la supply chain, analizzare dati in tempo reale.

Analisi dei requisiti aziendali

Considera i seguenti aspetti:

Compatibilità con i sistemi esistenti.

Facilità di integrazione e utilizzo.

Scalabilità per supportare la crescita futura.

Valuta i fornitori di strumenti A.I.

Cerca soluzioni già collaudate, leggendo recensioni e casi di studio. Tra i fornitori più noti ci sono:

OpenAI, per chatbot e automazione linguistica.

Google Cloud AI, per analisi dati e machine learning.

AWS AI Services, per applicazioni generali basate su A.I.

Prova prima di acquistare

Utilizza versioni di prova per verificare l'efficacia degli strumenti in contesti reali della tua azienda.

Collaborare con Fornitori di Soluzioni A.I.

Una partnership con fornitori esperti può accelerare l'implementazione e ridurre i rischi. Ecco come trovare i partner ideali:

Ricerca e selezione

Consulta piattaforme come Gartner, G2 o Clutch per identificare i migliori fornitori.

Verifica l'esperienza del fornitore nel tuo settore.

Verifica delle credenziali

Richiedi casi di studio, referenze e certificazioni per valutare la competenza tecnica del fornitore.
Personalizzazione delle soluzioni

Assicurati che il partner sia disposto a personalizzare gli strumenti per rispondere alle tue specifiche esigenze aziendali.

Accordi contrattuali chiari

Definisci obiettivi specifici e misurabili (KPI). Prevedi un piano di supporto post-implementazione. Un'implementazione di successo richiede quindi un mix di strumenti adeguati, partnership strategiche e una forza lavoro preparata e motivata. Con il giusto approccio, l'A.I. può trasformare il tuo business, rendendolo più competitivo ed efficiente.

Sfide e Soluzioni

L'implementazione dell'intelligenza artificiale non è priva di ostacoli. Affrontare queste sfide in modo proattivo può fare la differenza tra il successo e il fallimento di un progetto. In questa sezione, esploriamo le principali difficoltà e le possibili soluzioni: resistenza al cambiamento, costi iniziali e ROI, ed etica e regolamentazione.

Superare la Resistenza al Cambiamento

Uno degli ostacoli più comuni nell'adozione di nuove tecnologie è la resistenza da parte dei dipendenti e dei dirigenti.

Cause principali:
Paura di perdere il lavoro a causa dell'automazione.
Scetticismo sull'efficacia dell'A.I.
Mancanza di competenze o conoscenze tecniche.

Soluzioni:

Coinvolgimento sin dalle prime fasi

Comunica chiaramente i benefici dell'A.I., sia per l'azienda che per i dipendenti.

Organizza incontri e sondaggi per raccogliere opinioni e dissipare dubbi.

Focalizzazione sul miglioramento dei ruoli

Evidenzia come l'A.I. possa liberare i dipendenti da compiti ripetitivi, permettendo loro di concentrarsi su attività a maggior valore aggiunto.

Programmi di formazione

Offri corsi specifici per aiutare i dipendenti ad adattarsi e trarre vantaggio dall'A.I.

Ambasciatori del cambiamento

Identifica leader interni che possano guidare il team e favorire l'adozione dell'A.I.

Affrontare i Costi Iniziali e il Ritorno sull'Investimento (ROI)

L'adozione dell'A.I. può richiedere un investimento significativo in software, hardware e formazione, il che spesso genera preoccupazioni sui costi iniziali.

Sfide comuni:

Budget limitato per nuove tecnologie.

Incertezza sul ROI, soprattutto nel breve termine.

Soluzioni:

Pianificazione finanziaria dettagliata

Realizza un'analisi costi-benefici che includa:

Risparmi operativi.

Miglioramento dell'efficienza.

Incremento dei ricavi potenziali.

Implementazione graduale

Inizia con progetti pilota in settori chiave, per testare il valore dell'A.I. prima di espandere l'uso a tutta l'organizzazione.

Sfruttare strumenti flessibili

Valuta opzioni come software basati su abbonamento (SaaS) o piattaforme open source per ridurre i costi iniziali.

Monitoraggio continuo del ROI

Usa KPI specifici per misurare l'impatto dell'A.I. nel tempo, correggendo la strategia se necessario.

Etica e Regolamentazione nell'Uso dell'A.I.

L'A.I. solleva questioni importanti riguardanti la privacy, la trasparenza e l'equità. Inoltre, le normative in continua evoluzione possono complicare l'adozione della tecnologia.

Sfide principali:

Rischi di bias negli algoritmi.

Problemi di protezione dei dati personali.

Necessità di conformarsi alle normative locali e internazionali.

Soluzioni:

Adozione di principi etici

Sviluppa politiche interne per garantire che l'A.I. venga utilizzata in modo trasparente e responsabile.

Implementa audit regolari per identificare e mitigare bias.

Conformità normativa

Lavora con esperti legali per assicurarti che l'uso dell'A.I. rispetti normative come il GDPR (per la privacy) o regolamenti settoriali.

Protezione dei dati

Adotta standard elevati per la sicurezza informatica, come la crittografia avanzata e politiche rigorose sul trattamento dei dati.

Educazione etica interna

Forma il personale su questioni etiche relative all'A.I. per sensibilizzare sull'uso responsabile della tecnologia.

Conclusione:

Affrontare queste sfide richiede un approccio strutturato e lungimirante. Con strategie ben definite, è possibile superare la resistenza al cambiamento, ottimizzare l'investimento iniziale e garantire che l'A.I. venga utilizzata in modo etico e conforme alle normative. Questo processo non solo assicura il successo del progetto, ma contribuisce anche a costruire un business resiliente e innovativo.

Il Futuro del Business con l'A.I.

L'intelligenza artificiale sta trasformando il panorama aziendale e influenzerà profondamente il futuro delle imprese. In questa sezione, esploreremo i trend emergenti come l'integrazione dell'A.I. con la blockchain, la realtà aumentata e la robotica, e discuteremo come preparare la tua azienda per il futuro. Trend Emergenti: A.I. e Blockchain, Realtà Aumentata, Robotica

A.I. e Blockchain

La blockchain, nota per la sua sicurezza e trasparenza, può essere combinata con l'A.I. per creare sistemi più intelligenti e sicuri.

Transazioni sicure e smart contracts: L'A.I. può ottimizzare l'esecuzione dei contratti intelligenti, prevedendo e automatizzando azioni in base alle condizioni definite.

Sicurezza e autenticità dei dati: La combinazione con l'A.I. aiuta a identificare e prevenire frodi o transazioni non autorizzate, migliorando la fiducia nelle piattaforme decentralizzate.

Esempio: Le aziende possono usare blockchain e A.I. per tracciare l'intera catena di approvvigionamento, migliorando la trasparenza e riducendo il rischio di frodi.

Realtà Aumentata (AR) e A.I.

L'integrazione tra realtà aumentata e A.I. sta creando esperienze utente più interattive e personalizzate.

Customer experience avanzata: Le aziende possono offrire esperienze immersive, come la prova virtuale di prodotti o la formazione interattiva tramite dispositivi AR.

Miglioramento del design e della produzione: In ambito manifatturiero e retail, l'AR può essere combinata con l'A.I. per creare modelli 3D di prototipi, ottimizzando la progettazione.

Esempio: Settori come il turismo e la moda stanno adottando AR per migliorare l'esperienza dei clienti, consentendo loro di visualizzare i prodotti in ambienti reali prima di acquistare.

Robotica e A.I.

L'automazione robotica, combinata con l'A.I., sta rivoluzionando la produzione, la logistica e altri settori industriali.

Robot collaborativi (cobots): I cobots lavorano al fianco degli esseri umani in modo sicuro ed efficiente, svolgendo compiti ripetitivi e aumentando la produttività.

Automazione dei processi aziendali: L'A.I. permette ai robot di apprendere compiti complessi, come l'assemblaggio e la manutenzione predittiva, riducendo gli errori e i costi operativi.

Esempio: I magazzini automatizzati, come quelli di Amazon, utilizzano robot intelligenti per spostare e gestire i prodotti, migliorando l'efficienza e riducendo i tempi di spedizione.

Come Preparare il Tuo Business per il Futuro

Preparare il tuo business per il futuro è essenziale per garantire la sostenibilità e il successo a lungo termine. Ecco alcuni passi chiave per assicurarti che la tua azienda sia pronta ad affrontare le sfide future e sfruttare le opportunità emergenti.

1. Analisi del Mercato

a. Ricerca delle Tendenze

Per prepararsi al futuro, è fondamentale condurre una ricerca approfondita delle tendenze di mercato. Identifica le tendenze emergenti nel tuo settore e considera come potrebbero influenzare la tua attività.

b. Concorrenza

Studia i tuoi concorrenti per capire come si stanno adattando al cambiamento. Analizzare le strategie della concorrenza può fornire spunti utili per migliorare il tuo approccio.

2. Innovazione e Tecnologia

a. Adottare Nuove Tecnologie

Investire in nuove tecnologie può migliorare l'efficienza operativa e offrirti un vantaggio competitivo. Considera l'automazione, l'intelligenza artificiale e altre innovazioni che potrebbero beneficiare il tuo business.

b. Promuovere la Cultura dell'Innovazione

Incoraggia una cultura aziendale che valorizzi l'innovazione e la creatività. Questo può includere la formazione continua per i dipendenti e l'apertura a nuove idee.

3. Sostenibilità

a. Pratiche Sostenibili

Integrare pratiche sostenibili non solo aiuta l'ambiente, ma può anche migliorare la reputazione della tua azienda. Considera l'uso di materiali ecologici, il riciclo e la riduzione degli sprechi.

b. Responsabilità Sociale

Essere socialmente responsabili può attrarre clienti e dipendenti che condividono i tuoi valori. Implementa programmi di responsabilità sociale che abbiano un impatto positivo sulla comunità.

4. Pianificazione Finanziaria

a. Diversificazione delle Entrate

Assicurati che il tuo business non dipenda da una singola fonte di reddito. Esplora nuovi mercati o prodotti per diversificare le tue entrate.

b. Gestione dei Rischi

Identifica i potenziali rischi finanziari e sviluppa strategie per mitigarli. Questo può includere assicurazioni adeguate e piani di emergenza.

5. Coinvolgimento dei Dipendenti

a. Formazione Continua

Offri programmi di formazione e sviluppo per mantenere i tuoi dipendenti aggiornati sulle competenze necessarie per il futuro.

b. Ambiente di Lavoro Positivo

Crea un ambiente di lavoro inclusivo e positivo per migliorare la produttività e la soddisfazione dei dipendenti.

Conclusione

Preparare il tuo business per il futuro richiede una pianificazione strategica e un impegno verso l'innovazione e la sostenibilità. Seguendo questi suggerimenti, puoi assicurarti che la tua azienda sia ben attrezzata per affrontare le sfide future e cogliere nuove opportunità.

Investire nella formazione continua

La tecnologia evolve rapidamente, quindi è fondamentale che il tuo team resti aggiornato su nuove tendenze e strumenti.

Corsi specifici sull'A.I.: Offri corsi su A.I., blockchain, AR e robotica per migliorare la comprensione interna delle nuove tecnologie.

Competenze trasversali: Oltre alle competenze tecniche, investi nello sviluppo delle soft skills, come la leadership e la gestione del cambiamento, che saranno cruciali nell'adozione delle nuove tecnologie.

Adottare un approccio agile

Le imprese devono essere pronte a sperimentare e adattarsi rapidamente alle nuove tecnologie. Un approccio agile permette di testare le innovazioni senza compromettere l'intero modello di business.

Sperimentazione e prototipi: Avvia piccoli progetti pilota per testare l'efficacia delle nuove tecnologie prima di un'implementazione su larga scala.

Feedback continuo: Mantieni una comunicazione aperta con i team coinvolti, raccogliendo feedback costante per perfezionare l'utilizzo delle tecnologie.

Costruire partnership strategiche

Per sfruttare appieno il potenziale delle tecnologie emergenti, è utile collaborare con esperti e aziende specializzate.

Collaborazione con startup: Molte startup stanno innovando in modo rapido nell'ambito dell'A.I., blockchain, AR e robotica. Collabora con queste realtà per sfruttare soluzioni all'avanguardia.

Alleanze con fornitori di tecnologia: Le alleanze con fornitori di tecnologie avanzate ti aiuteranno a ottenere strumenti personalizzati e supporto nella loro implementazione.

Adattare la cultura aziendale

Per adottare efficacemente l'A.I. e altre tecnologie avanzate, è importante creare una cultura aziendale che favorisca l'innovazione e la collaborazione.

Innovazione continua: Incoraggia la sperimentazione e il pensiero creativo a tutti i livelli aziendali.

Apertura al cambiamento: Promuovi una mentalità positiva riguardo all'utilizzo di nuove tecnologie, facendo comprendere come queste possano migliorare le operazioni quotidiane.

Monitorare le regolamentazioni e l'etica

Le normative tecnologiche stanno evolvendo, e le implicazioni etiche sono sempre più centrali nel dibattito pubblico.

Adeguamento alle normative: Assicurati che le nuove tecnologie siano conformi alle leggi locali e internazionali.

Pratiche etiche: Implementa politiche per l'utilizzo etico dell'A.I., garantendo la trasparenza e la protezione dei dati.

Conclusione:

Il futuro del business è intrinsecamente legato all'adozione e all'integrazione delle tecnologie avanzate come l'A.I., la blockchain, la realtà aumentata e la robotica. Preparare la tua azienda per il futuro richiede una strategia che comprenda formazione, innovazione, partnership e un'attenzione costante alle implicazioni etiche e regolatorie. Con un approccio lungimirante, le aziende potranno non solo sopravvivere, ma prosperare in un mondo sempre più guidato dalla tecnologia.

Etica dell'A.I.

L'etica dell'intelligenza artificiale è un campo di crescente importanza che riguarda le implicazioni morali e i dilemmi associati allo sviluppo e all'implementazione dell'IA. Con il crescente impatto dell'IA nella nostra vita quotidiana, è essenziale affrontare le questioni etiche per garantire che questa tecnologia sia utilizzata in modo responsabile e a beneficio di tutta l'umanità.

Principi Etici Fondamentali

I. Trasparenza

Spiegabilità: Le decisioni prese dai sistemi di A.I. dovrebbero essere comprensibili e trasparenti per gli utenti finali. È importante che le persone possano capire come e perché una decisione è stata presa.

Accesso ai Dati: Gli utenti dovrebbero avere accesso alle informazioni sui dati utilizzati dalle tecnologie di A.I. e su come questi dati vengono raccolti e gestiti.

2. Giustizia e Non Discriminazione

Imparzialità: I sistemi di A.I. devono trattare tutti gli individui in modo equo, senza pregiudizi o discriminazioni basate su razza, genere, etnia o altre caratteristiche personali.

Correzione dei Pregiudizi: È essenziale identificare e mitigare i bias nei dati di allenamento per evitare che le decisioni dell'IA siano influenzate da pregiudizi.

3. Responsabilità

Accountability: Gli sviluppatori e gli utilizzatori delle tecnologie di A.I. devono essere responsabili delle loro azioni e decisioni. È cruciale stabilire chi è responsabile in caso di malfunzionamenti o danni causati dall'IA.

Supervisione Umana: Le decisioni critiche prese dall'IA devono essere supervisionate da esseri umani per garantire un controllo adeguato.

4. Sicurezza e Privacy

Protezione dei Dati: Le tecnologie di A.I. devono garantire la massima protezione dei dati personali, rispettando le normative sulla privacy e proteggendo le informazioni sensibili da accessi non autorizzati.

Sicurezza dei Sistemi: È fondamentale che i sistemi di A.I. siano progettati per essere sicuri e resistenti a potenziali attacchi o manipolazioni.

Implicazioni Sociali

1. Impatto sul Lavoro

L'automazione e l'IA stanno trasformando il mondo del lavoro, creando sia opportunità che sfide. È importante considerare l'impatto occupazionale e adottare misure per riqualificare i lavoratori e supportare la transizione verso nuovi ruoli.

2. Influenza sulla Società

Le tecnologie di A.I. possono influenzare profondamente la società, alterando le dinamiche sociali e politiche. È essenziale promuovere un uso dell'IA che favorisca il benessere sociale e la coesione.

Conclusione

Affrontare le questioni etiche relative all'intelligenza artificiale è cruciale per garantire che questa tecnologia venga utilizzata in modo equo e benefico. La collaborazione tra governi, aziende, ricercatori e società civile è fondamentale per sviluppare linee guida e normative che proteggano i diritti umani e promuovano un uso responsabile e sostenibile dell'IA.

Cosa e l'Intelligenza Artificiale ?

L'Intelligenza Artificiale (IA) è un ramo della computer science che si concentra sulla creazione di sistemi e macchine in grado di svolgere compiti che normalmente richiederebbero l'intelligenza umana. Questi compiti includono attività come il riconoscimento vocale, la visione artificiale, la traduzione automatica, la presa di decisioni e il ragionamento. In pratica, l'IA mira a far sì che le macchine possiedano capacità cognitive simili a quelle degli esseri umani, come l'apprendimento, il problem-solving e l'adattamento alle nuove informazioni.

Ci sono diversi tipi di IA:

1. IA debole (o ristretta): Questa forma di IA è progettata per svolgere compiti specifici e non possiede consapevolezza o comprensione. Esempi includono assistenti vocali come Siri o Alexa, algoritmi di raccomandazione di Netflix, o sistemi di navigazione

2. IA forte (o generale): Si tratta di un tipo di IA teorico che sarebbe in grado di eseguire qualsiasi compito cognitivo umano, con un'intelligenza paragonabile o superiore a quella umana. Questa forma di IA è ancora lontana dall'essere realizzata.

3. Apprendimento automatico (Machine Learning): Un sottoinsieme dell'IA, che si basa sulla capacità delle macchine di apprendere dai dati senza essere esplicitamente programmate. Gli algoritmi di apprendimento automatico analizzano grandi quantità di dati, identificano modelli e fanno previsioni o decisioni basate su quei dati.

4.Reti neurali artificiali: Un tipo di apprendimento automatico che simula il funzionamento del cervello umano. Le reti neurali sono costituite da strati di nodi (simili ai neuroni) che elaborano le informazioni in modo interconnesso.

In generale, l'IA sta diventando sempre più presente in vari settori, come la sanità, i trasporti, il marketing, la finanza e l'industria, migliorando l'efficienza e aprendo nuove opportunità.

Intelligenza Artificiale Generale (AGI)
Cos'è l'Intelligenza Artificiale Generale?

L'Intelligenza Artificiale Generale (AGI) si riferisce a un tipo di intelligenza artificiale che possiede la capacità di comprendere, imparare e applicare la conoscenza in modo autonomo, simile a come farebbe un essere umano. A differenza dell'IA ristretta (o debole), che è progettata per eseguire compiti specifici, l'AGI è in grado di eseguire qualsiasi compito intellettuale che un essere umano può compiere.

Questa forma di intelligenza rappresenta un obiettivo ambizioso nel campo della ricerca sull'IA.

Sfide nello Sviluppo dell'AGI

Comprensione Contestuale:

L'AGI deve essere in grado di comprendere e interpretare le informazioni nel contesto appropriato, una capacità che richiede un livello di comprensione profonda e sfumata.

Apprendimento Autonomo:

Deve essere in grado di apprendere autonomamente senza supervisione umana costante, adattandosi a nuove situazioni e ambienti.

Creatività e Intuizione:

L'AGI dovrebbe essere in grado di mostrare creatività e intuizione, risolvendo problemi in modi innovativi e non convenzionali.

Etica e Sicurezza:

Garantire che l'AGI operi in modo sicuro ed etico è fondamentale. Ciò implica lo sviluppo di linee guida e regole che ne regolino il comportamento.

Potenziali Applicazioni dell'AGI

Ricerca Scientifica:

L'AGI potrebbe rivoluzionare la ricerca scientifica, accelerando la scoperta di nuovi farmaci, materiali e tecnologie grazie alla sua capacità di analizzare e comprendere grandi volumi di dati complessi.

Salute Globale:

Può contribuire in modo significativo al miglioramento della salute globale, offrendo soluzioni personalizzate per il trattamento delle malattie e il miglioramento del benessere generale.

Automazione Completa:

Potrebbe automatizzare completamente settori complessi, migliorando l'efficienza e riducendo drasticamente il margine di errore umano.

Implicazioni Etiche e Sociali

L'avvento dell'AGI solleva numerose questioni etiche e sociali. È essenziale stabilire regolamentazioni e normative per garantire che questa tecnologia sia utilizzata a beneficio dell'umanità e non a suo detrimento. Le questioni relative alla privacy, al controllo e alla responsabilità devono essere affrontate attentamente per evitare potenziali abusi.

Conclusione

L'Intelligenza Artificiale Generale rappresenta una frontiera affascinante e complessa nello sviluppo dell'IA. Sebbene siamo ancora lontani dal raggiungerla pienamente, la ricerca continua a progredire, aprendo nuove possibilità e sfide. La comunità globale deve collaborare per garantire che il potenziale dell'AGI sia incanalato in modo positivo e costruttivo.

Business Digitale

Il business digitale rappresenta la trasformazione delle tradizionali attività commerciali attraverso l'uso della tecnologia digitale. Questa evoluzione ha portato a nuove modalità di interazione con i clienti, gestione delle operazioni aziendali e sviluppo di prodotti e servizi innovativi. Di seguito sono elencati alcuni degli aspetti chiave del business digitale:

E-commerce

Vendita Online: Le piattaforme di e-commerce offrono alle aziende l'opportunità di vendere i loro prodotti e servizi a un pubblico globale, superando i limiti geografici.

Esperienza Personalizzata: L'uso di dati e analisi permette di offrire esperienze di acquisto personalizzate, aumentando la soddisfazione del cliente e le vendite.

Marketing Digitale

SEO e SEM: L'ottimizzazione per i motori di ricerca (SEO) e il marketing sui motori di ricerca (SEM) aiutano le aziende a migliorare la loro visibilità online e ad attrarre più visitatori ai loro siti web.

Social Media Marketing: Le piattaforme sociali sono strumenti potenti per costruire il brand, coinvolgere i clienti e promuovere i prodotti.

Big Data e Analytics

Analisi Predittiva: Le aziende possono utilizzare i big data per prevedere tendenze di mercato e comportamenti dei consumatori, permettendo di prendere decisioni informate.

Ottimizzazione delle Operazioni: L'analisi dei dati operativi aiuta a migliorare l'efficienza e a ridurre i costi attraverso una gestione più efficace delle risorse.

Cloud Computing

Scalabilità e Flessibilità: Le soluzioni basate su cloud permettono alle aziende di scalare le loro operazioni in base alle esigenze, senza investimenti significativi in infrastrutture fisiche.

Collaborazione e Accessibilità: Il cloud facilita la collaborazione tra team distribuiti e l'accesso ai dati e alle applicazioni da qualsiasi luogo.

Innovazione e Sviluppo di Prodotti

Design Thinking: Approcci innovativi come il design thinking aiutano le aziende a sviluppare prodotti e servizi che rispondono meglio alle esigenze dei clienti.

Prototipazione Rapida: La tecnologia digitale consente la creazione e il test di prototipi in modo rapido ed economico, accelerando il ciclo di sviluppo del prodotto.

Sfide del Business Digitale

Sicurezza Informatica: La protezione dei dati digitali è cruciale per mantenere la fiducia dei clienti e garantire la continuità aziendale.

Adattamento Culturale: Le aziende devono affrontare il cambiamento culturale interno per abbracciare pienamente la trasformazione digitale.

Conclusione

Il business digitale offre infinite opportunità per le aziende di crescere e innovare. Tuttavia, richiede anche un continuo adattamento e una gestione strategica per affrontare le sfide e massimizzare i benefici delle tecnologie digitali. Con il giusto approccio, le aziende possono sfruttare il potenziale del digitale per guidare il successo a lungo termine.

Marketing Predittivo

Il marketing predittivo è una strategia avanzata che sfrutta l'analisi dei dati per prevedere i comportamenti futuri dei consumatori e ottimizzare le campagne di marketing. Grazie alle tecnologie di intelligenza artificiale e big data, le aziende possono anticipare le esigenze dei clienti e personalizzare le loro offerte in modo più efficace.

Vantaggi del Marketing Predittivo

Personalizzazione delle Offerte:

Le aziende possono creare offerte su misura per singoli clienti, basandosi sulle loro preferenze e comportamenti passati, migliorando così l'esperienza del cliente.

Miglioramento del ROI:

Grazie alla capacità di indirizzare le risorse di marketing verso i segmenti di clientela più promettenti, il marketing predittivo aumenta il ritorno sugli investimenti.

Ottimizzazione del Timing:

I modelli predittivi aiutano a determinare il momento migliore per lanciare campagne e promozioni, massimizzando l'impatto sul pubblico target.

Segmentazione Avanzata:

Consente di identificare segmenti di clientela con caratteristiche simili, permettendo una comunicazione più mirata e pertinente.

Tecniche Utilizzate nel Marketing Predittivo

Analisi Predittiva:

Utilizza algoritmi di machine learning per elaborare grandi quantità di dati e prevedere tendenze e comportamenti futuri.

Data Mining:

Estrae informazioni utili dai dati grezzi, scoprendo pattern e correlazioni che possono guidare le strategie di marketing.

Modelli di Propensione:

Valutano la probabilità che un cliente compia un'azione specifica, come effettuare un acquisto o abbandonare il carrello.

Sfide del Marketing Predittivo

Qualità dei Dati:

La precisione delle previsioni dipende dalla qualità e dalla completezza dei dati raccolti. Dati inaccurati possono portare a previsioni errate.

Privacy dei Consumatori:

È fondamentale garantire la protezione dei dati personali e rispettare le normative sulla privacy durante la raccolta e l'analisi dei dati.

Integrazione Tecnologica:

Le aziende devono investire in infrastrutture tecnologiche adeguate per sfruttare appieno le capacità del marketing predittivo.

Conclusione

Il marketing predittivo rappresenta una potente leva per le aziende che vogliono migliorare la loro competitività e rispondere in modo proattivo alle esigenze dei clienti. Con l'evoluzione delle tecnologie di analisi dei dati, il marketing predittivo continuerà a evolversi, offrendo nuove opportunità per creare esperienze cliente sempre più coinvolgenti e personalizzate.

Strategie di Implementazione dell'Intelligenza Artificiale

Implementare l'intelligenza artificiale (A.I.) in un'organizzazione richiede una pianificazione strategica accurata per assicurare il massimo beneficio e un'integrazione fluida nei processi aziendali esistenti. Ecco alcune strategie chiave da considerare:

1. Valutazione delle Esigenze Aziendali

Prima di implementare l'A.I., è fondamentale comprendere le esigenze specifiche dell'azienda. Identificare le aree che possono beneficiare di automazione, analisi avanzata dei dati o miglioramento dei processi decisionali è il primo passo verso una strategia efficace.

Analisi dei Processi:

Valutare i processi aziendali esistenti per identificare inefficienze e aree migliorabili attraverso l'uso dell'A.I.

Obiettivi Chiari:

Definire obiettivi specifici e misurabili per l'implementazione dell'A.I., come l'aumento della produttività o la riduzione dei costi.

2. Sviluppo delle Competenze

L'adozione dell'A.I. richiede personale qualificato in grado di gestire, sviluppare e mantenere i sistemi intelligenti.

Formazione del Personale:

Investire nella formazione del personale esistente per migliorare le loro competenze in ambito A.I. e big data.

Collaborazione con Esperti:

Collaborare con esperti esterni o assumere specialisti in intelligenza artificiale per integrare nuove competenze tecniche nell'organizzazione.

3. Infrastruttura Tecnologica

Assicurarsi che l'infrastruttura tecnologica sia pronta per supportare le applicazioni di A.I. è cruciale per il successo dell'implementazione.

Aggiornamento dei Sistemi:

Modernizzare l'infrastruttura IT per garantire la capacità di elaborazione e lo storage necessari per gestire grandi quantità di dati.

Soluzioni Scalabili:

Implementare soluzioni scalabili che possano crescere con l'aumento delle esigenze aziendali.

4. Integrazione nei Processi

Integrare l'A.I. nei processi aziendali richiede un approccio graduale per garantire una transizione fluida e minimizzare l'impatto sui flussi di lavoro esistenti.

Progetti Pilota:

Avviare progetti pilota per testare le soluzioni di A.I. su piccola scala prima di un'implementazione più ampia.

Coinvolgimento degli Stakeholder:

Coinvolgere tutte le parti interessate nel processo di implementazione per ottenere supporto e feedback utili.

5. Monitoraggio e Miglioramento Continuo

Il monitoraggio costante delle prestazioni delle soluzioni di A.I. consente di apportare miglioramenti e adattamenti necessari per ottenere risultati ottimali.

Analisi dei Risultati:

Valutare regolarmente i risultati ottenuti rispetto agli obiettivi iniziali e apportare modifiche alle strategie se necessario.

Aggiornamenti Tecnologici:

Mantenere aggiornati i sistemi di A.I. con le ultime innovazioni per sfruttare appieno i benefici della tecnologia.

6. Considerazioni Etiche e di Sicurezza

Assicurarsi che l'implementazione dell'A.I. sia etica e sicura è fondamentale per proteggere i dati e rispettare le normative vigenti.

Privacy dei Dati:

Adottare misure di sicurezza robuste per proteggere i dati sensibili gestiti dalle applicazioni di A.I.

Linee Guida Etiche:

Stabilire linee guida etiche per l'uso dell'A.I., assicurando che le decisioni prese dai sistemi siano eque e trasparenti.

Attraverso queste strategie, le aziende possono integrare con successo l'intelligenza artificiale nei loro processi, massimizzando i benefici e minimizzando i rischi associati.

Trend Tecnologici

Il mondo della tecnologia è in continua evoluzione, con innovazioni che ridefiniscono il modo in cui viviamo, lavoriamo e interagiamo. Ecco alcuni dei trend tecnologici più influenti del momento:

1. Intelligenza Artificiale e Apprendimento Automatico

L'intelligenza artificiale (A.I.) e l'apprendimento automatico continuano a crescere in popolarità, trovando applicazioni in diversi settori, dalla sanità ai trasporti. L'A.I. sta diventando sempre più sofisticata, migliorando la capacità di elaborare dati complessi e di prendere decisioni in modo autonomo.

2. Internet delle Cose (IoT)

L'Internet delle Cose sta trasformando le nostre case e città in ambienti smart. Dispositivi connessi e sensori sono utilizzati per migliorare l'efficienza energetica, la sicurezza e il comfort, oltre a fornire dati preziosi per l'analisi predittiva.

3. 5G e Connettività Avanzata

La diffusione del 5G sta rivoluzionando la connettività, offrendo velocità di trasmissione dati significativamente più elevate e una latenza ridotta. Questa tecnologia abilita applicazioni avanzate come la realtà aumentata e virtuale, oltre a supportare l'espansione dell'IoT.

4. Blockchain e Fintech

La blockchain sta guidando innovazioni nel settore finanziario, grazie alla sua capacità di garantire transazioni sicure e trasparenti. Le tecnologie fintech continuano a evolversi, offrendo nuovi servizi bancari e di pagamento digitalizzati.

5. Cybersecurity Avanzata

Con l'aumento delle minacce informatiche, la cybersecurity è diventata una priorità assoluta. Le nuove tecnologie di sicurezza, tra cui l'intelligenza artificiale, sono utilizzate per rilevare e mitigare le minacce in tempo reale, proteggendo dati e infrastrutture critiche.

6. Sostenibilità Tecnologica

La sostenibilità è al centro dell'innovazione tecnologica. Le aziende sono sempre più orientate verso lo sviluppo di tecnologie verdi che riducono l'impatto ambientale, come l'energia rinnovabile, i materiali biodegradabili e l'efficienza energetica.

7. Realtà Aumentata (AR) e Virtuale (VR)

Le tecnologie AR e VR stanno aprendo nuove frontiere nell'intrattenimento, nell'istruzione e nella formazione. Queste tecnologie immersive offrono esperienze coinvolgenti e interattive, trasformando il modo in cui apprendiamo e ci divertiamo.

8. Automazione e Robotica

L'automazione e la robotica stanno cambiando il panorama industriale. I robot sono sempre più utilizzati per compiti ripetitivi e pericolosi, migliorando l'efficienza e la sicurezza nei luoghi di lavoro.

Questi trend riflettono l'evoluzione continua del panorama tecnologico globale.

Con il progredire della ricerca e dello sviluppo, il futuro promette ulteriori innovazioni che potrebbero cambiare profondamente la nostra società.

Indice

Descrizione del libro..................................pag.5

Introduzione...pag.11

Le Basi dell'A.I. per il Business................pag.19

Applicazioni Pratiche dell'A.I...................pag.22

Automazione dei processi ripetitivi.........pag.24

Ottimizzazione della supply chain...........pag.26

Strategie per Aumentare i Guadagni........pag.27

Modelli di business:...................................pag.28

Esempi di successo:...................................pag.30

Implementazione di A.I. nel Tuo Business..pag.31

Collaborare con Fornitori di Soluzioni A.I...pag.33

Affrontare i Costi Iniziali e il Ritorno sull'Investimento (ROI)...........................pag.37

Il Futuro del Business con l'A.I.................pag.41

Come Preparare il Tuo Business per il Futuro..pag.44

Etica dell'A.I..pag.52

Implicazioni Sociali.......................................pag.55

Cosa e l'Intelligenza Artificiale ?.................pag.56

Intelligenza Artificiale Generale (AGI)

Cos'è l'Intelligenza Artificiale Generale?..pag.59

Potenziali Applicazioni dell'AGI..............pag.61

Implicazioni Etiche e Sociali......................pag.62

Business Digitale...pag.63

Marketing Digitale..pag.64

Sfide del Business Digitale..........................pag.66